BEI GRIN MACHT SICH IHR WISSEN BEZAHLT

AF153487

- Wir veröffentlichen Ihre Hausarbeit,
  Bachelor- und Masterarbeit

- Ihr eigenes eBook und Buch -
  weltweit in allen wichtigen Shops

- Verdienen Sie an jedem Verkauf

Jetzt bei www.GRIN.com hochladen und kostenlos publizieren

Kovariationsmodell von Kelley, Beschreibung der Attributionsfehler innerhalb eines Assessment Centers und Sensation Seeking

GRIN

Bibliografische Information der Deutschen Nationalbibliothek:

Die Deutsche Nationalbibliothek verzeichnet diese Publikation in der Deutschen Nationalbibliografie; detaillierte bibliografische Daten sind im Internet über http://dnb.d-nb.de abrufbar.

ISBN: 9783346783219
Dieses Buch ist auch als E-Book erhältlich.

© GRIN Publishing GmbH
Nymphenburger Straße 86
80636 München

Druck und Bindung: Books on Demand GmbH, Norderstedt Germany
Gedruckt auf säurefreiem Papier aus verantwortungsvollen Quellen

Das vorliegende Werk wurde sorgfältig erarbeitet. Dennoch übernehmen Autoren und Verlag für die Richtigkeit von Angaben, Hinweisen, Links und Ratschlägen sowie eventuelle Druckfehler keine Haftung.

Das Buch bei GRIN: https://www.grin.com/document/1309236

Inhaltsverzeichnis

Abkürzungsverzeichnis

AC	-	Assessment Center
BS	-	Boredom-Susceptibility
bzw.	-	beziehungsweise
DIS	-	Disinhibition
ES	-	Experience-Seeking
etc.	-	et cetera
HSS	-	High Sensation Seeker
LSS	-	Low Sensation Seeker
lt.	-	laut
sog.	-	sogenannt
SSS	-	Sensation Seeking Scale
SSS-V	-	aktuellste Form zur Messung von Sensation Seeking
TAS	-	Thrill- and Adventure-Seeking
z. B.	-	zum Beispiel

Abbildungsverzeichnis

Einleitung

Die Sozialpsychologie beschäftigt sich mit dem Denken, Erleben und Verhalten von Individuen im sozialen Kontext. Allport war ein renommierter Wissenschaftler auf dem Gebiet der Psychologie[1] und definierte Sozialpsychologie als „Versuch, zu verstehen und zu erklären, wie die Gedanken, Gefühle und Verhaltensweisen von Personen durch die tatsächliche, vorgestellte oder implizite Anwesenheit anderer Menschen beeinflusst werden".[2]

Die nachfolgende Einsendeaufgabe befasst sich mit einem Teil der Sozialpsychologie und gliedert sich in drei Bereiche.

Im ersten Textteil wird das Kovariationsmodell von Kelley erläutert. Dies geschieht vor dem Hintergrund eines Assessment Centers (AC), bei dem das beobachtbare Verhalten der Bewerber analysiert wird.

Aufbauend folgt im zweiten Teil die Beschreibung der Attributionsfehler, die im Rahmen eines AC entstehen können. Dabei sollen vor allem Maßnahmen aufgezeigt werden, um Attributionsfehler zu kontrollieren bzw. sie zu minimieren.

Diese Arbeit schließt mit dem Thema Sensation Seeking ab. Zu Beginn wird eine Definition dieses Begriffes hergeleitet. Nach der Beschreibung der Messmethode soll ein Personenprofil erstellt werden, welches einen hohen Wert auf der Sensation Seeking Scale vorweisen. Der praktische Nutzen eines hohen Wertes soll aufgezeigt werden.

Textteil zu Aufgabe A1

Bevor das beobachtbare Verhalten von Bewerbern innerhalb eines Assessment Centers mit Hilfe der Kovariationsmodells von Kelley analysiert wird, soll zunächst eine Betrachtung von Assessment Centern generell stattfinden, um damit eine Grundlage zu schaffen.

Das Assessment Center dient einem Unternehmen zur Personalauswahl[3] und eignet sich besonders dann, wenn eine Fehlbesetzung der ausgeschriebenen Stelle vermieden werden soll.[4] AC werden daher gerne bei der Auswahl von Führungskräften gewählt, da es sich lohnt, mittels aufwändigeren und kostenintensiveren Verfahrens einen

---

[1] Vgl. Gedankenwelt (2019)
[2] Allport (1954), S. 5 zitiert nach Jonas/Stroebe/Hewstone (2014), S. 6
[3] Vgl. Obermann (2018), S. 1
[4] Vgl. Sutoris (2019), S. 190

passenden und qualifizierten Bewerber auszuwählen.[5] Hierzu werden mehrere Bewerber eingeladen, die unterschiedliche Aufgabentypen bewältigen müssen. Die Kompetenz, Problemlösefähigkeit, Motivation und Einstellung der Bewerber wird durch mehrere Beobachter, welche auch Assessoren genannt werden, beobachtet und analysiert. Durch die unterschiedlichen Beobachtungen der Assessoren wird die Objektivität gesteigert, sowie der Verzerrung hinsichtlich der Wahrnehmung entgegengewirkt.[6] Die Gestaltung der Aufgabenstellung strukturiert dabei jedes Unternehmen selbst, wobei sie so auszuwählen sind, dass sie auf die zu besetzende Stelle zugeschnitten ist. Die folgende Abbildung zeigt die gängigen Verfahrenstypen von AC auf. Es wird dabei unterschieden, ob der Bewerber die Übung allein, in einer Gruppe oder als Simulation durchführt.

Einzeltestverfahren	Gruppenübungen	Simulationen
Intelligenztest	Gruppendiskussion	Konfliktgespräch
Persönlichkeitstest	Fallstudie	Fallstudie
Selbstpräsentation		
Interviewgespräch		
Postkorbübung		

Abbildung 1:   Übersicht der gängigen AC-Übungen
(Quelle: Sutoris (2019), S. 191)

Die Dauer eines AC kann von einem Tag bis hin zu drei Tagen reichen.[7] Nach Abschluss des AC vergleichen die Beobachter die Bewerber und können anhand der Beobachtungen einen geeigneten Bewerber auswählen.

Um auf das beobachtete Verhalten der AC-Bewerber einzugehen, werden zunächst die Ansätze des Kovariationsmodells nach Kelley aufgezeigt. Neben dem Modell nach Kelley existieren zahlreiche weitere Modelle, welche auch Attributionstheorien genannt werden. Attributionstheorien verfolgen das Ziel, die Ursachenzuschreibung darzustellen und diese zu erläutern.[8] Parkinson definiert das Kovariationsmodell als Theorie, die annimmt, „dass Beobachter kausale Schlüsse über Verhalten ziehen, indem sie Daten über vergleichbare Fälle sammeln. Als Verhaltensursache wird vom Beobachter diejenige Person, Entität oder Situation angesehen, die mit dem beobachteten Effekt kovariiert."[9] Das

---

[5] Vgl. Assessment Center Academy
[6] Vgl. Sutoris (2019), S. 190
[7] Vgl. Obermann (2018), S. 1
[8] Vgl. Parkinson (2014), S. 75
[9] Parkinson (2014), S. 75

bedeutet, dass Menschen daran interessiert sind, die persönlichen Dispositionen herauszufinden, um das Verhalten anderer Menschen erklären zu können. Es stellt sich also die Frage: Warum verhält sich die handelnde Person so, wie sie es tut. Der Beobachter bildet sich sein Urteil durch mehrfache Beobachtungen, aus denen sich Kovariationen oder Korrelationen zwischen den Effekten und deren möglichen Ursachen ergeben.[10] Aus den gemachten Beobachtungen kann schlussendlich auf die Ursache rückgeschlossen werden.

An dieser Stelle soll die Anwendung des Kovariationsmodells nach Kelley anhand eines AC-Verfahren verdeutlicht werden. Die ausgewählten Bewerber sollen in einem AC durch mehrere Beobachter beobachtet, verglichen und bewertet werden, um letzten Endes die zu besetzende Stelle mit einem geeigneten Bewerber zu besetzen. Hierzu findet das Modell nach Kelley Anwendung. Als Beispiel dient ein Unternehmen, bei dem eine mittlere Führungsposition neu besetzt werden muss. Dafür werden fünf geeignete Bewerber zu einem eintägigen AC eingeladen. Um einen Praxisbezug zu schaffen, werden den Bewerbern Namen gegeben: Anna Antons (A), Ben Brüll (B), Caro Carius (C), Daniel Dahl (D) und Emil Ebel (E). Die Agenda des AC sieht wie folgt aus:

Zeit			Thema
8:30	-	8:45	Ankunft der Teilnehmer und Begrüßung
8:45	-	9:15	Vorstellungsrunde (je Teilnehmer ca 5-6 Minuten)
9:15	-	10:00	Gruppendiskussion
10:00	-	10:30	Pause
10:30	-	11:30	Postkorbübung
11:30	-	12:30	Bearbeitung Case Study (Einzelaufgabe)
12:30	-	13:30	Gemeinsames Mittagsessen
13:30	-	14:00	Präsentation der Case Study
14:00	-	15:15	Einzel-Mitarbeitergespräch, Rolle als Vorgesetzter (je 15 Minuten)
15:15	-	16:15	Eignungstest
16:15	-	16:30	Feedbackrunde über Ablauf mit AC-Leitern und Beobachtern
16:30	-	16:45	Verabschiedung

Abbildung 2: Assessment Center Agenda
(Quelle: Eigene Darstellung)

Wie aus der Agenda ersichtlich ist, werden den Bewerbern fünf Aufgabentypen gestellt, die sie bewältigen müssen. Die Auswahl der Aufgaben erfolgte unter Berücksichtigung der zu besetzende Stelle. Für die Stelle einer Führungskraft liegt der Fokus auf den

---

[10] Vgl. Parkinson (2014), S. 75

7

sozialen Fähigkeiten.[11] Durch die unterschiedlichen Aufgabenstellungen, die die Bewerber zu unterschiedlichen Zeiten mit unterschiedlichen Menschen lösen müssen, können Beobachtungen gesammelt werden. Aus jedem gängigen Verfahrenstypen (Einzeltestverfahren, Gruppenübung, Simulation) ist mindestens eine Aufgabe in der oben dargebotenen Agenda wiederzufinden. Zu beachten ist allerdings, dass die Beobachter die fünf Bewerber nur innerhalb des Zeitrahmens von 08:30 Uhr bis 16:45 Uhr beobachten und bewerten können und weitere Faktoren, wie Krankheiten/Müdigkeit etc. unberücksichtigt bleiben. Es empfiehlt sich, drei Assessoren für jede Aufgabe festzulegen.[12] Als Beobachter fungiert neben der zuständigen Personalerin, der fachliche Vorgesetzte, sowie der disziplinarische Vorgesetzte der ausgeschriebenen Stelle. Die Beobachter sollen nun die fünf Bewerber bei ihrer Aufgabenlösung beobachten und bewerten.

Die erste Aufgabe stellt eine Gruppendiskussion dar. Die Beobachter werden anhand von bereits festgelegten Kriterien die Bewerber bewerten und pro Kriterium eine Punktzahl von eins bis fünf festhalten, sowie weitere Stichpunkte der Beobachtung. Kriterien wären z. B. aktive Beteiligung, Miteinbringen von Ideen, Argumentation, Überzeugungskraft, Teamplayer oder Akzeptanz von anderen Meinungen. Die Kriterien erhalten, je nach der zu besetzenden Stelle, eine Gewichtung. Die Summe der erreichten Punktzahlen wird miteinander verglichen. Die folgende Abbildung zeigt die Vergleichsmatrix, die sog. Nutzwertanalyse, die durch alle Beobachtungen der Assessoren entsteht. Zur Vereinfachung wurden bereits die Punktzahlen der Bewerber addiert. Dieses Verfahren lässt sich auch auf andere Aufgabentypen übertragen.

Kriterien	Gewichtung (G)	ΣA	A*G	ΣB	B*G	ΣC	C*G	ΣD	D*G	ΣE	E*G
aktive Beteiligung	0,15	12	1,8	11	1,65	4	0,6	7	1,05	10	1,5
Miteinbringen von Ideen	0,15	13	1,95	10	1,5	4	0,6	4	0,6	15	2,25
Argumentation	0,2	12	2,4	10	2	6	1,2	9	1,8	15	3
Überzeugungskraft	0,25	12	3	11	2,75	9	2,25	13	3,25	12	3
Teamplayer	0,1	14	1,4	13	1,3	7	0,7	11	1,1	10	1
Akzeptanz anderer Meinungen	0,15	15	2,25	14	2,1	11	1,65	8	1,2	13	1,95
Gesamt			12,8		11,3		7				12,7

Abbildung 3:   Nutzwertanalyse Gruppendiskussion
(Quelle: Eigene Darstellung)

Der Vergleich in der Tabelle zeigt, dass diese Aufgabe, aus Sicht aller Assessoren, am besten von A gelöst wurde, da der Bewerber die höchste Punktzahl vorweist. Dicht gefolgt von den beiden Kandidaten E und B. Am schlechtesten schnitt in dieser Gruppendiskussion Kandidat C ab.

---

[11] Vgl. Assessment Center Academy
[12] Vgl. Obermann (2018), S. 210

Bei der nächsten Aufgabe, der Postkorbübung, wurde beobachtet, dass die Bewerber A, B und C die Aufgabe hervorragend gelöst haben. Sie zeigten ihre ausgeprägte Organisations- und Entscheidungsfähigkeit. Die anderen beiden Kandidaten konnten nicht überzeugen.

In der Case Study überzeugte bei der Präsentation, sowie bei der Bearbeitung, der Bewerber A durch sein souveränes Auftreten und seiner guten Vorbereitung. Auch Kandidat C schnitt diesen Teil sehr gut ab.

Punkten konnte in Hinsicht auf das Einzel-Mitarbeitergespräch Kandidat A und C. Sie zeigten in der Rolle als Vorgesetzter eine schnelle Auffassungsgabe und konnten für das bestehende Problem eine rasche Lösung erarbeiten.

Der abschließende Eignungstest wurde von den Kandidaten A und C am besten absolviert.

Die folgende Abbildung dokumentiert, wie die einzelnen Bewerber in den unterschiedlichen Aufgabentypen durch die Beobachtungen abgeschnitten haben. Demnach schnitten Bewerber A und C am besten ab.

| | Bewerber | | | | |
Aufgabe	A	B	C	D	E
Gruppendiskussion	+++	++	+	+	++
Postkorbübung	+++	+++	+++	++	+
Case Study	+++	+	+++	++	+++
Einzel-Mitarbeitergespräch	+++	++	+++	+	+
Eignungstest	+++	+	+++	++	+

Abbildung 4: Übersicht der Bewertungen aller Bewerber
(Quelle: Eigenen Darstellung)

Auf Grund dieser oben gezeigten Zusammensetzung ergibt sich folgender Effekt nach dem Kovariationsmodell: Die Bewerber B, D und E konnten die unterschiedlich gestellten Aufgaben zu unterschiedlichen Zeiten und mit unterschiedlicher Personenzusammensetzung nicht durchsetzen und sind nicht überzeugend. Die drei Bewerber haben sich gegen A und C nicht bewähren können und schnitten demnach schlechter ab. Aufgrund dessen lässt sich der Entschluss fassen, dass die Kandidaten B, D und E für die zu besetzende Stelle nicht geeignet sind, da sie die benötigten Fähigkeiten nicht vorweisen können.

Die Beobachter können nun mit Hilfe der von Kelley vorgegebenen drei Informationsarten die Ursachenzuschreibung auf die Person, die Situation oder die besonderen

Umstände vornehmen. Zu den Informationsarten, auf die folgend eingegangen wird, gehören die Distinktheits-, Konsensus- und Konsistenzinformation.[13] Die Ausprägungen der Informationsarten können jeweils von niedrig bis hoch eingestuft werden.

Die Distinktheit liefert Informationen, ob sich die beobachtete Person in verschiedenen, jedoch ähnlichen Situationen immer gleich oder doch unterschiedlich verhält.[14]

Die Konsensusinformation zeigt, ob auch andere Personen in der Situation das gleiche Verhalten vorweisen, wie die beobachtete und bewertete Person.[15]

Bei der Variable Konsistenz richtet sich das Augenmerk auf den Faktor Zeit, d. h. verhält sich die zu beurteilende Person in einer gewissen Situation über verschiedene Zeitpunkte immer gleich?[16]

Die drei genannten Informationsarten sollen durch Beispiele verdeutlicht werden. Die Beispiele nehmen jeweils Bezug auf die Bewerber des AC, die beurteilt und miteinander verglichen werden.

Beginnend mit der Distinktheit, welche sich darauf bezieht, inwieweit der einzelne Bewerber sich unter ähnlichen Umständen (sprich gegenüber den unterschiedlichen Aufgabentypen) verhält. In der vorangegangenen Abbildung 4 zeigt sich, dass Bewerber A in allen Aufgabentypen sehr gut abschneidet. Eine niedrige Distinktheit liegt dann vor, wenn der Beobachtete in ähnlichen Situationen eine gute Leistung zeigt,[17] was auf den Bewerber A zutrifft. Konsistent werden in allen Aufgabentypen hervorragende Ergebnisse erzielt. Konträr dazu die hohe Distinktheit, die den sog. Effekt nur bei spezifischen Situationen oder Umständen zeigt. Das würde auf die Bewerber B und E des AC zutreffen. Kandidat E sticht in der Case Study hervor, während er die anderen Aufgaben zufriedenstellend gelöst hat. Bewerber B löst die Postkorbübung sehr gut, den Rest jedoch eher zufriedenstellend. Beide zeigen in unterschiedliche Situationen unterschiedliches Verhalten.

Wird der Vergleich ausgeweitet und nun die Bewerber miteinander verglichen, so werden Konsensusinformationen betrachtet. Von einem niedrigen Konsens wird gesprochen, wenn die Bewerber in den gestellten Aufgabentypen unterschiedlich reagieren. Das zeigt sich gleich bei der ersten Aufgabe, der Gruppendiskussion. Bewerber A schließt sehr gut, B und E gut und C und D zufriedenstellend ab. Ganz im Gegenteil bei der Postkorbübung und der Case Study. Drei von fünf Bewerber verhalten sich bei

---

[13] Vgl. Kühn/Platte/Wottawa (2006), S. 93
[14] Vgl. Gollwitzer/Schmitt (2009), S. 107
[15] Vgl. Gollwitzer/Schmitt (2009), S. 107
[16] Vgl. Gollwitzer/Schmitt (2009), S.107
[17] Vgl. Six (2016)

diesen Aufgaben ähnlich. Da bei vielen Bewerbern das Verhalten beobachtet wurde, spricht man von einem hohen Konsensus. Ein hoher Konsensus liegt dann vor, wenn alle oder auch viele Personen ein ähnliches Verhalten aufweisen.[18]

Die Informationsart Konsistenz betrachtet, wie bereits erwähnt, den Faktor Zeit. Mit Bezug auf das AC bedeutet das, inwiefern sich das Verhalten eines Bewerbers verändert, wenn er mit den Aufgaben zu einem anderen Zeitpunkt konfrontiert werden würde. Deshalb wird davon ausgegangen, dass bereits vier Wochen vor dem AC eine Vorab-Auswahl im Rahmen eines kleinen Online-Tests durchgeführt wurde. Der Test beinhaltete verschlankte Aufgabentypen des AC. Dabei zeigte sich, dass A und C, sowie D besonders gut abgeschnitten haben. A und C hatten auch in AC das Verhalten aufgezeigt, wodurch hier von einer hohen Konsistenz gesprochen wird. Die Leistung der beiden Bewerber konnte vorab im Test, sowie im AC beobachtet werden und ist damit zeitlich unabhängig. Anders bei Kandidat D, der überraschend gut im Online-Test abschnitt, aber im AC nicht überzeugen konnte. Die Ergebnisse sind fragwürdig und weisen daher eine geringe Konsistenz auf.

Zum Abschluss folgt eine kurze kritische Betrachtung des Kovariationsmodells nach Kelley. Das Modell stellt im Rahmen eines AC eine große Herausforderung dar, denn eine genaue Ursachenanalyse kann häufig nicht stattfinden. Durch die Kürze eines AC können die Beobachter nicht ausreichende Effekte sammeln, um daraus Schlüsse zu ziehen, da meist nur eine einzige Beobachtung pro Aufgabentyp möglich ist. Es gilt, die sog. Attributionsfehler zu meiden, da andernfalls das Risiko besteht, sich für einen unqualifizierteren Bewerber zu entscheiden. Auf die Vermeidung der Attributionsfehler wird im nachfolgenden Aufgabenteil eingegangen.

---

[18] Vgl. Six (2016)

Textteil zu Aufgabe A2

Beim Beobachten von Individuen entstehen sog. Attributionsfehler, auf die im folgenden Textteil eingegangen werden soll. Zunächst werden einige Fehler näher beschrieben, die im Rahmen eines Bewerbungsprozesses getroffen werden können. Im weiteren Schritt werden Maßnahmen aufgezeigt, die zur Minimierung oder zur Vermeidung von Fehlern beitragen.

Fehler in der Attribution entstehen dann, wenn der Beobachter Informationslücken des Beobachtenden mit seinen eigenen Erfahrungen, Normen, Werten oder Erinnerungen ergänzt.[19] Dadurch entstehen subjektive Bewertungen von Mitmenschen. Durch Attributionsfehler können Fehleinschätzungen auftreten, die letzten Endes zu einer falschen Schlussfolgerung führen können.

Der **fundamentale Attributionsfehler** nach Ross 1977 besagt, dass Beobachter bei der Ursachenzuschreibung dazu neigen, die Persönlichkeit zu überschätzen und Situationsfaktoren zu unterschätzen.[20] Gründe für die Über- und Unterschätzung kann auf unterschiedliche Vorgänge zurückgeführt werden. Ein Grund liegt in der Tatsache, dass situative Faktoren eines Individuums meist nur schwer oder gar nicht feststellbar sind. Der Beobachter nimmt diese nicht bewusst wahr und findet keine Anwendung in der Beurteilung. Die Beobachtung wird durch die Wahrnehmung von auffälligen Reizen (Salienz) beeinflusst. Saliente Reize wären z. B. ein auffälliges Kleidungsstück oder eine Hautfarbe, die die Aufmerksamkeit des Beobachters wecken. Die Salienz kann sowohl im positiven als auch im negativen Sinne wahrgenommen werden.[21] Dieser Attributionsfehler tritt häufiger in individualistischen westlichen Staaten auf, da die Menschen stark dazu neigen, „das Verhalten den Veranlagungen von Menschen zuzuschreiben."[22] Ein fundamentaler Attributionsfehler innerhalb des AC wäre, wenn Bewerber A fünf Minuten später erscheinen würde. Die Beobachter hätten gleich am Anfang ein Urteil gegenüber dem Bewerber gefällt, nämlich, dass er unzuverlässig ist. Situative Einflussfaktoren werden bei der Beurteilung außen vorgelassen. Es könnte sein, dass der Bewerber nicht aufgrund seiner Unzuverlässigkeit zu spät erschienen ist, sondern wegen einer Vollsperrung auf der Autobahn.

---

[19] Vgl. Fischer/Wiswede (2009), S. 257
[20] Vgl. Myers (2014), S. 597
[21] Vgl. Werth/Mayer (2008), S. 144
[22] Myers (2014), S. 597

Beim **Falschen-Konsensus-Fehler** nimmt der Beobachter an, dass die andere Person die gleichen Werte, Einstellungen und Überzeugungen teilt und sich demnach gleich verhält.[23] Übertragen auf das AC bedeutet das, dass ein Beobachter einen Bewerber besonders schätzt und positiv bewertet, welcher ihm ähnelt. Jedoch werden die Bewerber negativer bewertet, die abweichende Verhaltensweisen oder Einstellungen aufweisen.[24]

Die **Akteur-Beobachter-Verzerrung** weist einen Fehler auf, bei dem der Beobachter das Verhalten anderer Menschen als intern ansieht, bei sich selbst aber auf externale Faktoren bezieht.[25] Experimentell konnte nachgewiesen werden, dass andere Menschen eher dispositional und Beobachter eher situational attribuieren.[26] Der Grund dafür ist zum einen, dass Individuen bei einer Beurteilung des eigenen Verhaltens mehr Informationen besitzen und zum anderen die Aufmerksamkeit einer Beobachtung anderer Menschen eher auf die Person und weniger auf Umweltfaktoren richten.[27] Übertragen auf das AC würde das bedeuten, dass die Aufmerksamkeit des Bewerbers auf die Umgebung gerichtet ist, während sich die Aufmerksamkeit der Assessoren auf den Bewerber und sein Verhalten richtet. Die unterschiedlichen Perspektiven von Bewerber und Beobachter lässt die Wahrnehmungsfokussierung auf das Verhalten zurückführen, welches Auswirkungen auf die Verhaltensinterpretation mit sich bringt.[28] Im Beispiel des AC können Attributionsfehler dazu führen, dass die Stelle fehlbesetzt wird.

Die in diesem Punkt letzte betrachtete Verzerrung stellt die **selbstwertdienliche Verzerrung** dar. Dabei wird ein grundlegendes Bedürfnis des Menschen postuliert, indem er seinen eigenen Selbstwert stabilisiert oder verbessert.[29] Demnach werden persönliche Erfolge internalen Faktoren und auf eher stabilen Persönlichkeitsmerkmale zurückgeführt.[30] Beispielsweise beruht der Erfolg einer bestandenen Klausur auf den eigenen Fähigkeiten. Anders beim Misserfolg, bei dem externale Faktoren und instabile Persönlichkeitsmerkmale prägen.[31] Ein Beispiel hierfür wäre, wenn die Klausur mangelhaft abgeschnitten wurde, würden äußere Umstände als Gründe gesehen werden, wie z. B. unklar gestellte Aufgaben. Übertragen auf das AC würde dies bedeuten, dass Bewerber

---

[23] Vgl. Parkinson (2014), S. 90 f.
[24] Vgl. Schettgen (1991), S. 127
[25] Vgl. Aronson/Wilson/Akert, (2008), S.115
[26] Vgl. Spektrum
[27] Vgl. Parkinson (2014), S. 94 ff.
[28] Vgl. Jost (2008), S. 292 f.
[29] Vgl. Hartung/Kosfelder (2019), S. 46
[30] Vgl. Hartung/Kosfelder (2019), S. 46
[31] Vgl. Hartung/Kosfelder (2019), S. 46

ihren Erfolg den eigenen Fähigkeiten und Kenntnissen zuschreiben, während ein Miss-erfolg durch äußere Umstände begründet werden. Durch unterschiedliche Erklärungen für Erfolg bzw. Misserfolg seitens Beobachter und Bewerber könnte eine Verzerrung zu Ungunsten der finalen Entscheidung entstehen.

Ziel eines AC ist, die aufgezeigten Attributionsverzerrungen zu minimieren, um am Ende die Stelle mit einem geeigneten Bewerber zu besetzen. Die Verzerrung würde zu einer fehlerhaften Ursachenzuschreibung und damit auch höchst wahrscheinlich zur falschen Wahl des Bewerbers führen. Bei der Personalauswahl können nach Weuster grundle-gend zwei Fehler begangen werden,[32] die in der folgenden Abbildung in Rot ersichtlich sind.

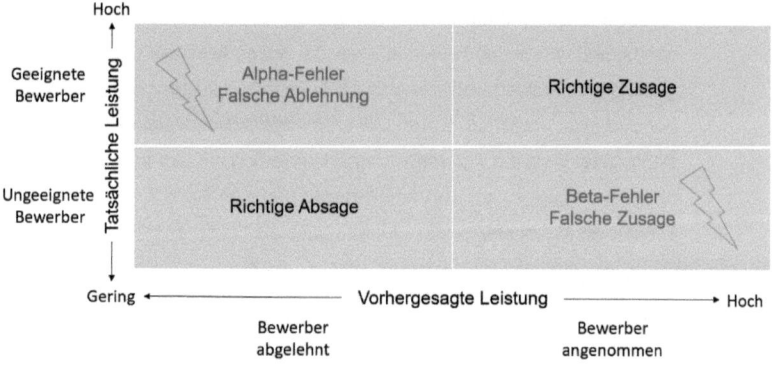

Abbildung 5: Entscheidungslogistik der Personalauswahl
(Quelle: Eigene Darstellung, in Anlehnung an Weuster (2012), S. 1)

Demnach handelt es sich um einen Alpha-Fehler, wenn ein qualifizierter Bewerber eine Ablehnung erhält, obwohl die erbrachte Leistung dem Anforderungsprofil entsprechen würde. Der Beta-Fehler stellt den umgekehrten Fall dar, und zwar die Zusage eines un-qualifizierten Bewerbers, der weniger gute Leistung erbracht hat und für die zu beset-zende Stelle ungeeignet wäre. Diese Fehler sollen weitestgehend vermieden werden, auch wenn diese im Nachhinein durch Kündigung oder Vertragsaufhebung korrigiert werden können.

---

[32] Vgl. Weuster (2012), S. 1

Bei der Auswahl stehen Assessoren vor der großen Herausforderung, denn sie müssen innerhalb eines AC verschiedene Güterkriterien, wie die Objektivität, Reliabilität und Validität gewährleisten,[33] um das beobachtete Verhalten auf die korrekte Ursache zu attribuieren.

Die **Objektivität** liegt vor, wenn die Untersuchungsergebnisse unabhängig vom Untersucher sind,[34] d. h. das Vorwissen oder Vorurteile außen vor bleiben und mehrere Untersucher zum gleichen Ergebnis gelangen. Die Objektivität ist demnach nicht gegeben, wenn durch ein gleiches Messinstrument unterschiedliche Ergebnisse ermittelt werden.[35] Die Einhaltung der Objektivität innerhalb eines AC muss kritisch beurteilt werden, denn wenn die Assessoren einem Bewerber Hilfestellung geben, ist dieses Güterkriterium nicht mehr gegeben.[36] Die Assessoren bieten Hilfestellung an, wenn z. B. der Bewerber eine gewisse Sympathie ausstrahlt oder auch die Stelle zeitnah besetzt werden soll.

Unter der **Reliabilität** versteht man die Messgenauigkeit bzw. Messfehlerfreiheit.[37] Dabei soll bei wiederholter Anwendung durch das gleiche Instrument dasselbe Ergebnis erzielt werden. „Ein Verfahren der Personalauswahl misst genau, wenn es zwischen geeigneten und weniger geeigneten Bewerbern hinreichend unterscheidet, also vorhandene Eignungsunterschiede zwischen den Bewerbern hervortreten lässt."[38] Bei der Messgenauigkeit ergeben sich Herausforderungen, denn der Bewerber verhält sich im Zeitablauf nicht völlig gleich und versucht aktiv und reaktiv das Messergebnis durch Eindrucksmanagement zu beeinflussen.[39] Als wichtige Voraussetzung für die Messgenauigkeit innerhalb eines AC gilt, dass die durchgeführten Tests geheim gehalten werden und eine Vorbereitung ausgeschlossen ist.[40] Um die Reliabilität zu kontrollieren, benötigt es Testwiederholungen, aus denen die Ergebnisse miteinander abgeglichen werden können.[41]

Das letzte Güterkriterium, die **Validität**, ist gegeben, wenn das ausgewählte Messinstrument tatsächlich das misst, was gemessen werden soll.[42] Das AC-Verfahren ist valide, wenn die durchgeführten Tests auch wirklich die Eignung für den zu besetzenden Beruf

---

[33] Vgl. Nerdinger/Blickle/Schaper (2019), S. 280
[34] Vgl. Häder (2019), S. 109
[35] Vgl. Häder (2019), S. 109
[36] Vgl. Weuster (2012), S. 13
[37] Vgl. Nerdinger/Blickle/Schaper (2019), S. 281
[38] Weuster (2012), S. 13
[39] Vgl. Weuster (2012), S. 13
[40] Vgl. Weuster (2012), S. 13
[41] Vgl. Weuster (2012), S. 13
[42] Vgl. Nerdinger/Blickle/Schaper (2019), S. 282

gut messen.[43] Das Güterkriterium ist abhängig von der Objektivität und Reliabilität, denn sind die beiden Letzteren gering, so kann auch die Validität nicht hoch sein. Möglich ist auch, dass trotz hoher Objektivität und hoher Reliabilität das Verfahren nicht oder wenig valide ist.[44]

Nach der Vorstellung möglicher Attributionsverzerrungen, sollen nun die Maßnahmen aufgezeigt werden, die bei einem AC ergriffen werden können, um Attributionsfehler zu minimieren.

Zunächst ist vor der Durchführung eines AC wichtig, dass die genauen Anforderungen der zu besetzenden Stelle sorgfältig bestimmt und definiert werden, um letzten Endes daraus die Aufgabentypen für das AC zu bestimmen. Die Anforderungsanalyse sollte lt. Obermann zwei wesentliche Fragen beantworten: 1.) „Welche Anforderungen kommen auf den Stelleninhaber zu?"[45] und 2.) „Mit welchen Kompetenzen/Eigenschaften/Verhaltensweisen ist diesen Anforderungen optimalerweise zu begegnen?"[46] Dieser Schritt ist wichtig, um die Validität und Reliabilität von Beginn an zu gewährleisten. Die Validität stellt sicher, dass das jeweilige Instrument (sprich die Aufgabentypen) auch misst, was gemessen werden soll, nämlich ob der Bewerber die nötigen Anforderungen mitbringt. Die Reliabilität bestimmt dabei die Genauigkeit der Messung. Des Weiteren sollte jede Anforderung mit mindestens zwei Übungen beurteilt werden.[47] Wären beide Güterkriterien von Anfang an nicht gegeben, würde die Stelle möglicherweise mit einem ungeeigneteren Bewerber besetzt werden. Hilfreich wären standardisierte Durchführungsbedingungen, wie z. B. eine Anforderungsmatrix bei der Beurteilung des Bewerbers, wodurch die Objektivität erhöht werden kann.[48]

Abbildung 3 des ersten Textteils stellt eine mögliche Anforderungsmatrix dar. Pro Aufgabentyp wird eine solche Bewertungsgrundlage genutzt, wobei die Anforderungen auf der linken Seite zu sehen sind. In diesem Beispiel haben die Anforderungen eine zusätzliche Gewichtung erhalten, da einige Anforderungen für die Stelle relevanter sind als andere. Durch die in Abbildung 3 dargestellte Nutzwertmatrix können im Nachhinein keine weiteren Überlegungen mehr stattfinden, da lediglich eine Punktezahl vergeben wurde, wodurch ein Nachteil dieser Matrix entstehen würde. Eine vorab bessere Alternative wäre die Zusammenfassung der Aufgabentypen und das Notieren der

---

[43] Vgl. Weuster (2012), S. 14
[44] Vgl. Weuster (2012), S. 14
[45] Obermann (2018), S. 62
[46] Obermann (2018), S. 62
[47] Vgl. Baia (2015), S. 3
[48] Vgl. Nerdinger/Blickle/Schaper (2019), S. 281

Beobachtungen. Wichtig ist, dass auch ein Freitextfeld für Besonderheiten erfasst werden kann. Somit könnte eine Anforderungsmatrix für Bewerber A folgendermaßen aussehen:

	Aufgabentyp				
BEWERBER A	Gruppendiskussion	Postkorbübung	Case Study	Einzel-Mitarbeitergespräch	Eignungstest
Miteinbringen von Ideen					
Argumentation					
Überzeugungs-kraft					
Teamplayer					
Akzeptanz anderer Meinungen					

Abbildung 6: Anforderungsmatrix Bewerber A
(Quelle: Eigene Darstellung)

Im Nachgang können die Assessoren zur Auswahl des geeigneten Bewerbers eine gemeinsame Punktezahl vergeben, welche nun in die Nutzwertmatrix eingetragen werden könnte. Die schriftliche Dokumentation ermöglicht, dass die Einschätzung zu einem späteren Zeitpunkt nochmals überdacht werden kann.[49] Des Weiteren hilft die Dokumentation die Persönlichkeitseigenschaften der Bewerber nicht zu überschätzen und die Situation nicht zu unterschätzen. Dennoch können Fehleinschätzungen entstehen, allerdings kann eine Verbesserung der Ausgangssituation herbeigeführt werden.[50] Für ein AC empfiehlt es sich, pro Bewerber mehrere Assessoren einzusetzen, um die Qualität der Ergebnisse zu steigern und die Objektivität zu fördern.[51] Nach einer Aufgabe könnte eine sog. Assessorenkonferenz stattfinden, in dieser die einzelnen Bewertungen miteinander abgeglichen werden und allfällige Diskrepanzen bereinigt werden könnten, so dass am Ende alle zur gleichen Bewertung gelangen.[52] Eine weitere Maßnahme wäre die optimale Auswahl des Assessoren-Kreises. So ergab eine empirische Untersuchung, dass durch die Integration eines erfahrenen Psychologen die Beurteilungsgenauigkeit, sowie die Validität verbessert wurden.[53] Neben einem Psychologen, ist es ratsam,

---

[49] Vgl. Spisak (2007), S. 215
[50] Vgl. Spisak (2007), S. 215 f.
[51] Vgl. Baia (2015), S. 2
[52] Vgl. Baia (2015), S. 2
[53] Vgl. Obermann (2018), S. 209 f.

wichtige Einflussträger des Unternehmens als Beobachter einzubeziehen, bestenfalls auch eine Führungskraft, welche als Zielbild des im AC vertretenen Anforderungsprofils gesehen wird.[54] Um die Qualität aufrecht zu erhalten, sollten Teilgruppen der Belegschaft vorhanden sein, wie z. B. höherer Frauenanteil bei den Beobachtern, Rücksichtnahme jüngerer Altersgruppen oder unterschiedliche Nationalitäten.[55]

Durch Schulung der Assessoren können Herausforderungen gezielt gemeistert werden und die Objektivität gesteigert werden.[56] Die Beobachter erwerben wichtiges Wissen, wie z. B. Attributionsfehler entstehen können. Durch das Wissen können sie nun gezielte Gegenmaßnahmen selbst einleiten, indem die Beobachtung oder Beurteilung nochmals überdacht wird. Denn z. B. auch die Unaufmerksamkeit des Beobachters, sowie die eigenen Stimmungslage können die Ergebnisse beeinflussen.

Ferner wäre ein Beurteilungstraining (Frame of Reference Training), bei dem die Assessoren die Rolle des Bewerbers einnehmen, hilfreich. Eine empirische Studie von Gorman und Rentsch zeigt, dass ein solches Training maßgeblich zur Verbesserung der Einschätzungen bei Beobachtungen und Beurteilungen beiträgt.[57] Der Sinn dieses Trainings liegt in der Identifikation möglicher Wahrnehmungsverzerrungen und das Aufzeigen von Gegenmaßnahmen.

Rekapitulierend zu diesem Textteil kann festgehalten werden, dass innerhalb eines AC viele Attributionsfehler entstehen können, die unbedingt minimiert werden sollten. In der Praxis wird es immer wieder zu Fehleinschätzungen kommen, was zur Folge hat, dass die Stelle nicht optimal besetzt wird. Verzerrungen lassen sich durch Wissen und Erfahrungen minimieren. Durch eine standardisierte Anforderungsmatrix, einen geeigneten Assessoren-Kreis, sowie Assessorenkonferenzen nach jeder Aufgabe, können Fehlentscheidungen weiter eingegrenzt werden. Schlussendlich lässt sich sagen, dass Wahrnehmungsverzerrungen zwar minimiert werden, jedoch nicht ganz ausgeschlossen werden können.

---

[54] Vgl. Obermann (2018), S. 209 f.
[55] Vgl. Obermann (2018), S 110
[56] Vgl. Baia (2015), S. 2
[57] Vgl. Gorman/Rentsch (2009), S. 1342

Textteil zu Aufgabe A3

Im letzten Textteil wird auf das Thema Sensation Seeking eingegangen. Zuerst wird eine allgemeine Definition hergeleitet, worauf anschließend aufgezeigt werden soll, wie Sensation Seeking mit Hilfe der Sensation Seeking Scale (SSS) gemessen wird. Basierend darauf soll eine Person mit hohen Werten auf der SSS beschrieben werden und schlussendlich, aus den theoretischen Erkenntnissen, den Nutzen des Konzepts für die Praxisanwendung erläutert werden.

Der amerikanische Psychologe Zuckerman entwickelte 1964 das Konstrukt Sensation Seeking und definiert es wie folgt: „Sensation Seeking is a trait defined by the seeking of varied, novel, complex, and intense sensations and experiences, and the willingness to take physical, social, legal, and financial risks for the sake of such experiences."[58] Sensation Seeking stellt dabei ein Persönlichkeitsmerkmal dar und zeichnet sich durch ein Bedürfnis nach abwechslungsreichen, neuartigen und komplexen Erfahrungen, sowie durch die Bereitschaft, gewisse Risiken für diese Erfahrung in Kauf zu nehmen, aus.[59] Infolgedessen wird ein bestimmtes Spannungs- und Erregungsniveau gehalten, welches nicht nur durch riskantes Verhalten, sondern auch nur das Anschauen von erotischen- oder gewalttätigen Filmen aufrecht erhalten wird.[60] Menschen, die jeden Tag Neues erfahren wollen und nach Abwechslung und Herausforderungen suchen, werden als Sensation Seeker bezeichnet.[61] Durch das Suchen oder Vermeiden von Erregungszuständen kann jeder Sensation Seeker sein optimales Spannungsniveau erzielen, in dem er sich wohl fühlt.[62] Studien zeigen, dass 70% des Ausmaßes angeboren sind, die restlichen 30% werden durch Umwelteinflüsse begründet.[63] Die Gründe für das Verhalten eines Sensation Seekers sieht Zuckerman im körpereigenen Botenstoff und Stresshormon Noradrenalin. Entweder weist ein Sensation Seeker eine zu geringe Konzentration des Neurotransmitters Noradrenalin im limbischen Gehirn vor oder das noradrenerge System ist gegenüber Stimulationen unempfindlicher.[64] Die Ausprägung des Merkmals Sensation Seeking verändert sich im Laufe des Lebens und erreicht im Alter zwischen 14 und 19 Jahren sein Maximum.[65]

---

[58] Vgl. Zuckerman (1994), S. 27
[59] Vgl. Hensch/Strobel (2020), S. 201
[60] Vgl. Zuckerman (2007), S. 49
[61] Vgl. Schaub (2015)
[62] Vgl. Raab/Unger/Unger (2016), S. 175
[63] Vgl. Seipel (2018)
[64] Vgl. Raab/Unger/Unger (2016), S. 175
[65] Vgl. Herzberg/Roth (2014), S. 15

Es lassen sich generell zwei Typen von Sensation Seekern unterscheiden, und zwar die Low Sensation Seeker (LSS) und die High Sensation Seeker (HSS). Sensation Seeker mit geringerer Ausprägung des Merkmals Sensation Seeking zählen zu den LSS, die Risiken meiden, da sie nach Ordnung und Vorhersehbarkeit streben. Grundsätzlich ist hier ein niedriges Erregungslevel vorhanden, weshalb von der Außenwelt nur eine geringe Stimulation zur Erreichung des Optimums notwendig ist.[66] Die HSS hingegen sind bereit Risiken einzugehen, weshalb sie auch als Reizsuchende bezeichnet werden können. Das Erregungslevel ist hoch, weshalb sie versuchen, dieses durch Stimulation der Außenwelt zu erhöhen.[67]

Um Sensation Seeker in LSS und HSS einzuteilen, entwickelte Zuckermann die Sensation Seeking Scale (SSS), basierend auf den vier Faktoren: (1) Thrill- and Adventure-Seeking (TAS), (2) Experience-Seeking (ES), (3) Disinhibition (DIS), (4) Boredom-Susceptibility (BS).[68]

Der Faktor TAS beschreibt das Aufsuchen nach Gefahr- und Abenteuersuche. Dieser Art von Reiz bezieht sich auf körperliche Aktivitäten, wie z. B. riskante Sportarten oder schnelles Fahren.

ES stellt die Erfahrungssuche dar und zielt darauf ab, viele neue Eindrücke zu gewinnen oder Erfahrungen zu sammeln. Beispiele dafür wären das Reisen oder auch ungewöhnliche Kunst. Vielmehr geht es bei ES um die Suche nach kognitiver Stimulation und sensorischer Erfahrung.

Bei der DIS rückt die soziale Begegnung in den Vordergrund. Der Faktor beschreibt „die Tendenz, sich Stimulation durch soziale Aktivitäten (z. B. Partys), durch Enthemmung in Form von sozialem Trinken oder auch durch sexuelle Kontakte zu verschaffen."[69]

Der letzte Faktor BS beschreibt eine Abneigung gegenüber wiederholenden Erfahrungen, wie z. B. Routinearbeiten. Die Anfälligkeit für Langeweile äußert sich in einer Abneigung gegenüber monotonen Situationen und durch Ruhelosigkeit.

Die Ausprägung wird anhand eines Fragebogens erfasst, der aktuell aus 40 Items besteht, die den oben aufgeführten vier Kategorien zugeordnet sind und je zwei Antwortmöglichkeiten anbietet.[70] Die aktuellste und am häufigsten verwendete Form zur Erfassung von Sensation Seeking ist die SSS-V von Zuckerman.[71] Die Messung über die

---

[66] Vgl. Bilandzic/Schramm/Matthes (2015), S. 168
[67] Vgl. Bilandzic/Schramm/Matthes (2015), S. 168
[68] Vgl. Raab/Unger/Unger (2016), S. 175
[69] Raab/Unger/Unger (2016), S. 175
[70] Vgl. Roth/Hammelstein (2003), S. 12 ff.
[71] Vgl. Beauducel/Strobel/Brocke (2003)

aktuelle SSS-V steht teilweise in der Kritik, da innerhalb des Fragebogens „viele eher Faktoren wie Alter, Geschlecht und sozialer Status viele der Aussagen beeinflussen – zum Beispiel, ob man gerne Schi fahren möchte."[72] Aufgrund der Kritik bestehen neue Ansätze, wie z. B. die Skala „Need Inventory of Sensation Seeking" (NISS) von Roth, welche misst, wie sehr eine Person den Zustand der Aufregung mag.[73]

Anhand der theoretischen Kenntnisse wird folgend eine konkrete Person, mit hohen Werten auf der SSS beschrieben. Für das Beispiel wird eine männliche Person (F) im Alter von 22 Jahren betrachtet.

F hatte neulich Geburtstag und von seinen Eltern nun endlich sein Traumauto, ein nagelneuer Audi-Sportwagen, geschenkt bekommen. F startet direkt eine kleine Ausfahrt mit seinem neuen Auto, dabei sind ihm Geschwindigkeitsbegrenzungen völlig egal, da er schnelles Fahren und riskante Fahrmanöver als reizvoll betrachtet. An mögliche Folgen, wie z. B. ein Bußgeld aufgrund einer Geschwindigkeitskontrolle, nimmt er gerne in Kauf. Am Wochenende vertreibt sich F seine Freizeit hauptsächlich mit seiner größten Leidenschaft, dem Wingsuit-Fliegen, welches zu der gefährlichsten Sportart der Welt zählt.[74] Er liebt den Nervenkitzel und den besonderen Kick und betreibt Wingsuit-Fliegen bereits seit seinem 14. Lebensalter. Neben der sportlichen Aktivität widmet sich F den am Wochenende stattfindenden Partys, auf der Suche nach neuen sozialen Kontakten. Gemäß seinem Lebensmotto „No Risk no Fun" trinkt er gerne mit seinen Freunden und den neuen Bekanntschaften über den Durst und ist auch bereits einige Male durch seinen abendlichen Alkoholkonsum in der Notaufnahme des Krankenhauses gelandet. Gegenüber Drogen wäre er nicht abgeneigt und offen gegenüber neuen Erfahrungen. Mit Blick auf die Zukunft hat sich F bereits auf seinen Traumjob festgelegt und möchte nach seinem Abschluss bei der Bundeswehr als Bombenentschärfer durchstarten. Er erachtet diesen Job für ihn als ideal, da dieser durch die gewisse Abwechslung geprägt ist und keine monotone Arbeitsatmosphäre entstehen lässt. Eine Bürotätigkeit würde für ihn auf keinen Fall in Frage kommen, das wäre ihm viel zu langweilig.

Sensation Seeking bietet unterschiedliche Nutzen für die Praxis. Primär soll durch die Identifikation und Ausprägung des Merkmals die Vorhersage für menschliche Verhaltensweisen ermöglicht werden. Dabei ist Sensation Seeking sehr vielfältig und für

---

[72] Vgl. Heymann (2013)
[73] Vgl. Heymann (2013)
[74] Vgl. EatSmarter (2018)

verschiedene Forschungsgebiete interessant, wie z. B. auf dem Gebiet der Werbung, im militärischen Bereich, bei menschlichen Süchten oder auch in der Personalbeschaffung und -entwicklung.

Aufgrund der Fokussierung auf Personalmanagement dieser Textteile, soll speziell auf die Personalbeschaffung und -entwicklung näher eingegangen werden. Bereits bei einer zu besetzenden Stelle könnte durch die Identifikation des Merkmals zusätzliche Entschlüsse gezogen werden, ob der Bewerber auf die Stelle passen könnte oder nicht. Die zu besetzende Stelle in Textteil A ist eine Führungsposition, wofür der passende Bewerber ein gewisses Maß an Risikobereitschaft und Verantwortung mitbringen soll. Ein Low Sensation Seeker wäre in diesem Fall eher ungeeignet. Denn wie bekannt, streben sie eher nach Vorhersehbarkeit und scheuen riskante Situationen. Dieses Merkmal kann über die Erfragung nach Hobbys oder durch gewisse Aufgabentypen nachgewiesen werden, jedoch nicht den Grad der Ausprägung.

Bei der Personalentwicklung kann das Konstrukt Sensation Seeking Anwendung finden. Führungskräfte, die ihre Mitarbeiter kennen, wissen, was sie anstreben und antreibt. HSS tendieren dazu, Reize zu suchen und meiden Routinearbeiten. Eine Identifikation der HSS ist daher wichtig, damit man ihnen vielseitige und interessante Aufgaben zuteilt, sodass ein möglicher Jobwechsel ausgeschlossen wird und auch seitens HSS ein motivationaler Antrieb stattfindet. Durch das Wissen der Führungskraft über das Erregungsniveau der einzelnen Mitarbeiter, können Aufgabenteilungen entsprechend berücksichtigen. HSS könnten die Aufgaben mit mehr Risiko und mehr Verantwortung übernehmen, gegensätzlich zu den LSS, die eher Aufgaben zugeteilt bekommen, welche monoton stattfinden.

Literaturverzeichnis

Allport, G. W. (1954), The historical background of modern social psychology. In Lindzey, G. (Ed.), Handbook of social psychology, 2nd ed., Vol. 1, Addison-Wesley, pp. 3-56.

Aronson, E., Wilson, T. D., Akert, R. M. (2008), Sozialpsychologie, 6., aktualisierte Auflage, München.

Assessment Center Academy, Assessment Center für Führungskräfte, https://www.assessmentcenteracademy.de/assessment-center/assessment-center-fuehrungskraefte/, abgerufen am 01.05.2021.

Baia, A. (2015), Assessment Center: Ein valides Instrument zur Verhaltensprognose von Führungskräften, https://docplayer.org/44524097-Assessment-center-ein-valides-instrument-zur-verhaltensprognose-von-fuehrungskraeften.html, abgerufen am 15.05.2021.

Beauducel, A., Strobel, A., Brocke, B. (2003), Psychometrische Eigenschaften und Normen einer deutschsprachigen Fassung der Sensation Seeking-Skalen, Form V, https://econtent.hogrefe.com/doi/pdf/10.1026//0012-1924.49.2.61, abgerufen am 18.05.2021.

Bilandzic, H., Schramm, H., Matthes, J. (2015), Medienrezeptionsforschung, München.

EatSmarter (2018), Achtung: Die 9 gefährlichsten Sportarten der Welt, https://eatsmarter.de/gesund-leben/news/achtung-die-9-gefaehrlichsten-sportarten-der-welt#:~:text=1.,von%20ihnen%20überlebten%20das%20nicht., abgerufen am 18.05.2021.

Fischer, L., Wiswede, G. (2009), Grundlagen der Sozialpsychologie, 3., völlig neu bearbeitete Auflage, München.

Gedankenwelt (2019), Die Theorie der Persönlichkeit nach Allport, https://gedanken-welt.de/die-theorie-der-persoenlichkeit-nach-allport/, abgerufen am 25.04.2021.

Gollwitzer, M., Schmitt, M. (2009), Sozialpsychologie kompakt, Weinheim.

Gorman, C. A., Rentsch, J. R. (2009), Evaluating Frame-of-Reference Rater Training Effectiveness Using Performance Schema Accuracy, https://www.re-searchgate.net/publication/26762652_Evaluating_Frame-of-Reference_Rater_Train-ing_Effectiveness_Using_Performance_Schema_Accuracy, abgerufen am 15.05.2021.

Häder, M. (2019), Empirische Sozialforschung – Eine Einführung, 4. Auflage, Wiesba-den.

Hartung, J., Kosfelder, J. (2019), Sozialpsychologie, 4., überarbeitete Auflage, Stutt-gart.

Hensch, T., Strobel, A. (2020), Differentiellpsychologische Perspektive in der Klini-schen Psychologie. In: Hoyer, J., Knappe, S. (Hrsg.), Klinische Psychologie & Psycho-therapie, 3., vollständig überarbeitete und erweiterte Auflage, Berlin, S. 189 – 208.

Herzberg, P., Roth, M. (2014), Persönlichkeitspsychologie – Basiswissen Psychologie, Wiesbaden.

Heymann, J. (2013), Faszination des Fürchtens, https://www.spektrum.de/news/faszi-nation-des-fuerchtens/1212239, abgerufen am 18.05.2021.

Jost, P. J. (2008), Organisation und Motivation: Eine ökonomisch-psychologische Ein-führung, Wiesbaden.

Kühn, S., Platte, I., Wottawa, H. (2006), Psychologische Theorien für Unternehmen, 2., neu bearbeitete Auflage, Göttingen.

Myers, D. G. (2014), Psychologie, 3., vollständig überarbeitete und erweiterte Auflage, Berlin/Heidelberg.

Nerdinger, F., Blickle, G., Schaper, N. (2019), Arbeits- und Organisationspsychologie, 4. Auflage, Berlin/Heidelberg.

Obermann, C. (2018), Assessment Center – Entwicklung, Durchführung, Trends – Mit neuen originalen AC-Übungen, 6., vollständig überarbeitete und erweiterte Auflage, Wiesbaden.

Parkinson, B. (2014), Soziale Wahrnehmung und Attribution. In: Jonas, K., Stroebe, W., Hewstone, M. (Hrsg.), Sozialpsychologie, 6., vollständig überarbeitete Auflage, Berlin/Heidelberg, S. 65 – 106.

Raab, G. Unger, A., Unger, F. (2016), Marktpsychologie – Grundlagen und Anwendung, 4., vollständig überarbeitete Auflage, Wiesbaden.

Roth, M., Hammelstein, P. (2003), Sensation Seeking – Konzeption, Diagnostik und Anwendung, Göttingen.

Schaub, S. (2015), „Sensation Seekers" sind stets auf dem Sprung zum neuen Kick, https://www.tagblatt.ch/leben/sensation-seekers-sind-stets-auf-dem-sprung-zum-neuen-kick-ld.1695555, abgerufen am 16.05.2021.

Schettgen, P. (1991), Führungspsychologie im Wandel – Neue Ansätze in der Organisations-, Interaktions- und Attributionsforschung, Wiesbaden.

Seipel, R. (2018), Psychologie – Her mit dem Kick, https://www.fr.de/fr7/kick-10921907.html, abgerufen am 17.06.2021.

Six, B. (2016), Kovariationsmodell, https://dorsch.hogrefe.com/stichwort/kovariationsmodell, abgerufen am 05.05.2021.

Spektrum, Akteur-Beobachter-Unterschied, https://www.spektrum.de/lexikon/psychologie/akteur-beobachter-unterschied/436, abgerufen am 09.05.2021.

Spisak, M. (2007), Wie soll ich Mitarbeiter treffend einschätzen? In: Spisak, M., Della Picca, M., Führungsfaktor Psychologie, Berlin/Heidelberg, S. 197 – 284.

Sutoris, M. (2019), Der Bewerbungs-Coach – Von der Uni in den Job: Infos und Tipps für die perfekte Bewerbung und das erfolgreiche Vorstellungsgespräch, Berlin.

Werth, L., Mayer, J (2008), Sozialpsychologie, Heidelberg.

Weuster, A. (2012), Personalauswahl I – Internationale Forschungsergebnisse zu Anforderungsprofil, Bewerbersuche, Vorauswahl, Vorstellungsgespräch und Referenzen, 3. Auflage, Heidelberg.

Zuckerman, M. (1994), Behavioral Expression and Biosocial Bades of Sensation Seeking, Cambridge.

Zuckerman, M. (2007), Sensation seeking and risky behavior, Washington.